PROTESTATION

DES

OUVRIERS RÉPUBLICAINS FRANÇAIS

CONTRE

LA SECONDE GUERRE DE ROME. (1)

I.

Le crime bonapartiste commis à Rome en 49 vient d'être renouvelé en 67, afin sans doute que l'histoire ne pût l'oublier, ni la justice non plus. Il y a récidive, ou plutôt continuité... car, en fait, il n'a pas cessé d'être depuis qu'il a commencé. En dépit de la Convention de Septembre et de l'apparente exécution du texte, par la violation patente ou latente de l'esprit, par la présence des zouaves réguliers ou volontaires, par l'enrôlement secret des soldats et l'inspection publique des chefs, l'occupation impériale de Rome dure depuis dix-huit ans contre tout droit naturel et écrit. Et l'Italie n'eût-elle d'autre titre que celui même de sa Convention, est plus qu'autorisée à reprendre Rome des mains de l'étranger. Le crime a continué malgré tout, sans intermittence, chronique ou aigu, et persévéré, on peut dire diaboliquement, car il s'est aggravé. Commencé hypocritement sous le beau prétexte d'affranchir la Romagne du double joug de l'étranger et du prêtre, avec un noble programme d'indépendance externe et de liberté interne, avec cette fameuse lettre à Edgar Ney, toute pleine de promesses dorées : Code civil, amnistie, réforme politique et gouvernement séculier, il n'a pas tardé à y mettre plus de franchise, ne se donnant plus le tort de tromper, ni la peine de mentir, imposant de vive force à Rome le prêtre et l'étranger, c'est à dire remplaçant l'Autriche et restaurant le pape, le pape absolu, infaillible, inviolable et irresponsable, le pape quand même, sans condition, le pape au grand complet avec Syllabus et rapt d'enfants, le pape

---

(1) Lue à Londres, au Meeting du 9 décembre 1867.

perfectionné avec zouaves apostoliques et turcos évangéli-
ques, le pape avec fusil Chassepot, le pape avant la lettre,
le pape-roi, le pape-Dieu!

La protestation faite le 13 juin 49 pour dégager l'honneur
de la France doit donc aussi être renouvelée en 67. Elle
ne doit pas être moins constante ni moins hardie que le
crime. Elle doit persévérer comme lui, avec la même per-
sistance et la même intensité, répudiant toute complicité,
celle du silence comme celle de l'action, le réprouvant sans
relâche, contre toute prescription et avec toutes réserves
en permanence, jusqu'à ce qu'il ait cessé, c'est à dire jusqu'à ce qu'il soit puni!

Faite par les représentants du peuple au nom de l'article
V de la Constitution : "La République n'entreprend point
de guerre contre la liberté..." cette protestation mémorable a
été consacrée et continuée par l'exil; et puisqu'il n'y a plus
de représentants du peuple, elle doit être refaite par le peuple
lui-même! Et c'est à ceux qui sont restés libres dans leur
ban, de dire hautement la pensée de la France esclave du
même joug que Rome et muette du même bâillon, de répé-
ter à la face du monde et pour la mémoire de l'avenir, que
la France est plus victime que complice; que le même
crime n'a violé l'article V que pour violer toute la loi confiée
à sa garde sur sa foi; que la même force n'a pris Rome que
pour prendre Paris; que le même étranger qui occupe l'Italie occupe la France; que les deux peuples ont le même
ennemi, l'assassin de trois républiques, et qu'après la même
défaite ils auront la même revanche: la République, à Paris
et à Rome, comme au Mexique!!

Donc, en attendant mieux, aujourd'hui, 2 décembre 1867,
nous, ouvriers républicains français, nous protestons.

Mais par où commencer?... Et par où finir? Au nom de
quel droit violé? Ils le sont tous. Nous n'avons que l'em-
barras du choix.

Français, nous protestons naturellement d'abord au nom
de la France, au nom de son droit qui est le droit, de sa révolution qui est la religion, de ses principes qui sont les
dogmes du monde moderne, la France ayant déclaré non pas
les droits du Français, mais les *droits de l'homme*; la
France ayant dit, non pas comme l'Angleterre: "Dieu et
mon Droit," mais "Périssent les Colonies plutôt que les
Principes!" Et ces principes quels sont-ils? Liberté, Égalité, Fraternité, proclamés par elle, non pour elle seule, mais
pour tous, la liberté n'étant pas plus française que romaine,
l'égalité étant pour tous, Romains et Français; la Révolution
française, que son historien le sache, n'était pas une révolution de clocher, son droit n'ayant pas de patrie, ou
plutôt les ayant toutes, aussi sacré à Rome qu'à Paris,

à Dublin qu'à Berlin, en Hongrie qu'en Pologne, au Mexique qu'en Crète! Et ce droit général, le seul catholique, la seule base légitime de tout pouvoir social, quel est-il? Le vote! le vote universel, c'est à dire le consentement, le contrat substitué à la contrainte, la volonté à la fatalité, la mutualité fraternelle à la sujétion filiale, le droit électoral au droit héréditaire, le droit populaire au droit divin.

Nous protestons ensuite au nom du devoir non moins général fait à la France, par son droit et sa force même, de respecter le droit des autres, des faibles surtout, le droit des nationalités, filles de la sienne, sa force n'étant pas dans la faiblesse des autres, sa santé dans leur maladie, sa force étant dans la justice et dans la liberté; de respecter chez tous ce qu'elle veut pour elle-même, la première des libertés, la liberté de conscience, de ne pas forcer les Luthériens d'Alsace et les Calvinistes de Nîmes à défendre le pape, les Juifs à soutenir le culte d'un Dieu qu'ils ont pendu, comme les Chrétiens à payer pour le culte des Juifs qui ont pendu leur Dieu; de séparer partout et toujours l'état de l'église; la loi devant être athée sous peine d'iniquité et d'absurdité, les faits étant plus logiques que tout l'ordre des avocats; Dieu dans l'état y amenant forcément pape ou papesse, Saint-Pierre à Rome, ou Saint-Paul à Londres et tout ce qui s'en suit; par conséquent de laisser Dieu dans le cœur des croyants; de ne pas donner le spectacle ridicule d'un peuple retombé en enfance, rivollant le prêtre au prince et rendant à l'église ce qui appartient à l'état; l'odieux tableau d'un pouvoir temporel s'immisçant dans la conscience humaine, d'un empire très-chrétien fesant aux autres ce qu'il ne voudrait pas qu'on lui fît, d'une opposition non moins chrétienne disant: tout pour soi, rien aux autres! charité bien ordonnée commence et finit par soi! La France est morte et les autres vivent! A bas l'Italie et vive le Pape! plus réactionnaire que le pouvoir qui veut au moins le pape et l'Italie! le scandale de députés d'une nation niant le droit national, d'élus du vote universel niant le droit de vote et consommant leur suicide. Nous le demandons à ces morts; si Paris était gouverné par un prêtre flanqué d'une force étrangère, où serait droit, vote, nation, patrie, principes et révolution? Où serait la France?

Nous protestons de même au nom de son instinct naturel, de ses tendances spéciales à diviser les pouvoirs, à séparer les fonctions, à dégager le séculier du clérical, l'élément civil du milieu religieux, l'État de l'Église, tendances laïques suivies par elle depuis qu'elle a conscience d'elle-même et âge de raison politique, sous la tutelle de ses princes les plus fidèles comme les plus athées, sous Charlemagne, qui fut à la fois *Saint* et *Grand*, et qui ne donna pourtant au pape que le gouvernement de Rome, s'en réservant la souveraineté; sous saint Louis qui refusa net l'argent de la fille à la Sainte-Mère; sous Philippe le Bel brûlant les bulles du Saint-Père en Parlement; sous Charles VII imposant la pragmatique-sanction au pape Eugène; sous Louis-le-Grand forçant Innocent XI à licencier ses Corses, les zouaves du temps—il n'avait pas prévu le Corse-Zouave —et répondant aux foudres vaticanes par les foudres gallicanes, se fesant pape de France. Enfin sous le second Charlemagne, fesant son fils roi de Rome, ôtant au pape souveraineté et gouvernement et liberté, fesant empoigner Pie VII comme un député de l'opposition, écrivant ces mots dont nous conseillons la lecture au neveu: " Notre armée est aux portes de Rome. J'en suis à traiter avec cette *prêtraille!* Mais que les peuples se rassurent; nous sommes amis de tous les peuples, surtout des descendants des Brutus et des Scipions, nos modèles. Rétablir le Capitole, y replacer les statues de ces héros, réveiller le peuple romain engourdi par dix siècles d'esclavage, tel sera le fruit de nos victoires!..." Autre empereur, autres victoires, autres fruits!

Faut-il protester enfin au nom des intérêts égoïstes comme des principes généreux de la France contre cette guerre sainte, prix des voix du clergé belge pour l'annexion, guerre fratricide faite à un peuple à qui nous devons jusqu'à notre langue, vraie guerre civile qui nous aliène l'amitié de la race latine, qui nous isole et nous enlève l'alliance naturelle de l'Italie à la veille d'une lutte fatale avec le Nord? Un homme d'église puis d'état, Talleyrand a dit de certain meurtre commis par son maître: C'est plus qu'un crime, c'est une faute. Ceux de sa foi ne croient pas que tout crime soit une faute. Et son premier disciple, un homme d'état puis d'académie, M. Thiers, a redit et à grand effet pour les habiles le même sophisme contre la guerre de Rome. Nous, vile multitude, qui ne sommes ni d'état, ni d'église, gens de rien, pas même d'académie, trop grossiers pour ces finesses et trop matérialistes pour les escobarderies, nous disons tout simplement qu'immoralité est toujours inhabileté et que cette guerre, le pire des crimes, est par conséquent la pire des fautes. Passons!

Républicains-Démocrates, nous aimons mieux protester au nom de la Démocratie et de tout ce que ce grand mot comporte: Paix, science, art, raison, progrès, vie et civilisation, même, à qui les tyrans doivent les armes qu'ils tournent contre elle. Oui, au nom de la vie même physique et morale nous protestons contre ce culte mortel, funeste à toutes les nations fidèles, partout déchues, partout soumises aux infidèles, dans l'ancien ou le nouveau monde, quelle que

soit terre, race ou loi, république ou monarchie, Latins ou
Saxons, Europe ou Amérique! Voyez l'Irlande sous l'Angleterre, l'Autriche sous la Prusse, l'Italie sous la France! La
France elle-même n'ayant échappé jusqu'ici au déclin commun de ses sœurs latines que par la révolution; la mort
étant proportionnelle à la foi; l'Église ôtant à l'individu, à
l'élément social, tout libre arbitre et toute libre pensée,
intervenant sans cesse dans sa liberté et sa volonté, dimi-
nuant son ressort et son énergie, son esprit d'initiative et
de *self-confiance*, sa vitalité en un mot, remplaçant en lui
l'autonomie par l'automatie et le fesant passer comme une
machine, comme un cadavre du confesseur au commissaire,
du guide spirituel au guide temporel, du directeur au recru-
teur. Malgré les deux cent millions de catholiques du baron
Dupin qui les a comptés, écoutons le cri de détresse de
l'archevêque d'Arboy qui demande qu'on rende l'âme à
cette grand'mère romaine, à cette momie d'Égypte, n'ayant
plus que les os de ses reliques et son chapelet de graines
sèches, à ce squelette couché dans ses marenunes, sur les
ruines et les ronces de l'agriculture et de l'industrie, réduite
au denier de Saint-Pierre et ne produisant même plus le
pain et le vin nécessaires pour dire sa messe, pour opérer le
miracle de l'Eucharistie, pour faire le corps et le sang de
son Dieu.

Oui, certes, nous protestons contre cette vieille sorcière
d'Endor qui a sacrifié aux superstitions juives et aux sub-
tilités grecques, aux puérilités et aux sénilités de Byzance;
au fatras d'abstractions sorties du chaudron alexandrin
toutes les réalités de la civilisation, tous les maîtres de la
vérité, depuis Aristote et Platon jusqu'à Voltaire et Rous-
seau; qui a fermé les écoles d'Athènes pour ouvrir les cou-
vents de Rome, proscrit les philosophes pour créer les moines;
qui a mis l'éteignoir sur tout flambeau et l'étincelle à toute
torche; qui a gardé son clergé devant la lumière électrique,
sa mule devant la vapeur; qui a entravé tous les pas du
génie, comprimé tout essor du progrès, persécuté toute raison
comme toute liberté; qui a poursuivi Véronèse pour avoir peint
un chien devant un saint, qui a fait demander pardon à Ga-
lilée du mouvement de la terre, à Cuvier de l'antiquité de
l'homme; qui a brûlé le *Contrat social* de Jean-Jacques et
jusqu'à l'*Existence de Dieu* de Descartes, ne permettant pas
même à son Dieu d'exister sans son autorisation; violen-
tant la première des sciences, l'arithmétique, par le premier
de ses dogmes, la Trinité; condensant toutes les immoralités
et incongruités polythéistes, toutes les impiétés et impuretés
des avatars indiens et des icônes gnostiques; toutes les
fables immondes des vieux mythologues payens, toutes les
inconséquences et égoïsines du moyen-âge, chute solidaire

et grâce personnelle, péché originel et damnation éternelle, reversibilité de peines et vénalité d'indulgences, la perdition des masses (peu d'élus) et le sauvetage individuel! Quoi encore? Toutes les simonies et vénales, toutes les formules et recettes à la place de l'idée et des œuvres, exorcismes et casuismes, anathème et canonisation, prières à la grosse et messes pour les morts, au profit des desservants, eau bénite et fagots, saint encens et saint soufre, saintes cendres et saintes bulles, sainte ampoule et saintes reliques, saint bois de la vraie croix et vrai sang de saint Janvier! n'oublions pas sainte Inquisition. Ce n'est pas tout. Sainte confession et sainte communion sous une ou deux espèces, avec ou sans le vin, comme si on pouvait manger la Trinité sans boire! toutes momeries et barbaries, saints mystères et miracles, sacrifices humains et divins, la trans et consubstantiation et la résurrection, le saint célibat avec l'immaculation et l'incarnation, le salut adultère et la sainte vierge, Marie ou Léda, vierge de son mari, enceinte d'un oiseau et mère d'un Dieu, la théophagie enfin! Le sauvage ne mange que l'homme! A titre d'universel le catholique mange tout, même Dieu! Ainsi soit-il.

Ouvriers, nous protestons surtout, au nom du Travail, contre cette divinité de fakirs, cette théocratie désœuvrée, cette hiérarchie d'ordres mendiants et fainéants, cette fourmilière nulle et cette ruche neutre de pieux frelons et de bons larrons, de saints parasites et d'oisifs béats, de solitaires et cénobites improducteurs ou destructeurs, inutiles pour le moins. Nous, vivant à la sueur de notre front, nous protestons contre cette organisation du néant et de sa quête, cette corporation du loisir et de l'engrais dans l'ombre et le silence, cette congrégation de religieux et religieuses, de frères et sœurs en paresse, sottise et luxure, moines et nonnains, madelonnettes et capucins, calottins et ignorantins qui ont tout stérilisé, l'homme et la terre, qui paissent sur la dîme et l'offrande des serfs de la glèbe, qui ont *déshabilité* et non réhabilité le travail, comme l'a dit à tort un fils de croisé; bref, contre cette société de main-morte fondée logiquement sur le dogme infernal de la chute, faisant ainsi du travail une peine! oui, une peine afflictive et infamante du travail qui est un droit, un honneur, le premier titre de la noblesse de l'homme, ce qui le distingue de la bête de proie et de graisse, ce qui est sa sécurité et sa dignité, ravalant donc ce qui doit être élevé, changeant l'atelier en bagne et l'ouvrier en forçat, couronnant d'épines et d'opprobre le vrai créateur, le seul rédempteur, le grand Messie international qui aura ses fêtes et ses temples sur tous les champs de Mars du monde, le seul vrai et grand roi qui nous montre l'âge d'or non derrière mais devant nous, qui vous amènera leur beau règne de Dieu, par l'équité dans l'abondance, par la plus juste des souverainetés la souveraineté du travail!

Hommes enfin, nous protestons contre l'institution la plus inhumaine, le joug le plus massif et le plus tranchant qui ait jamais courbé et blessé le front de l'homme, qui ne le quitte ni vif ni mort; contre ce double glaive temporel et spirituel condamnant et damnant, cette triple couronne régissant trois mondes, Enfer, Purgatoire et Paradis, ce trousseau de clés qui ne ferme que le ciel et n'ouvre que l'enfer, ce pouvoir de lier et délier qui lie toujours et ne délie jamais; contre ce bon père qui interdit l'eau et le feu à sa famille, ce bon pasteur qui fait de sa houlette une hallebarde, berger devenu boucher de son troupeau, ce bon prêtre artilleur Jules II, pointant et tirant lui-même de sa main paternelle ses foudres peu spirituelles; canonnant et canonisant à la fois; contre le parangon des papes produit par le parangon des peuples; Sa Sainteté espagnole Alexandre Borgia, ce saint des saints qui a débuté par acheter son élection, corrompant le saint-esprit avec l'argent de Judas; qui a révélé des vices inconnus à Gomorrhe, des crimes inconnus à son troisième royaume, l'enfer! ce successeur du Christ, qui a déshonoré l'humanité, pouvant se dire pape, comme Dubois se disait évêque par la *disgrâce* de Dieu, et dater son règne, non de l'an de grâce, mais de l'an de mort; l'incarnation même des sept péchés mortels, la Trinité démoniaque du fer, du feu et du saint poison, rival et meurtrier de son gendre, incestueux de sa fille, qui a tout envoyé *ad partes*, le conclave et le chœur, pères et mères de l'Église et les enfants, les siens et lui-même, par mépris, ce vicaire de Dieu ayant fini par empoisonner jusqu'à Dieu dans l'hostie

Ah! l'affreux Christ romain, idole plus sanguinaire que le Siva indien, le Moloch syrien, le Mars druidique et l'Hercule aztèque, agneau allaité par la louve, colombe couvée par l'aigle, Jésus changé en Jésuite, christianisme et machiavélisme, monstres nouveaux dans le monde, conçus de la sainte mère par l'opération du diable. Le revers de son propre type, esprit, le contraire de sa propre loi, charité, parfait Anté-Christ. Il a rétabli tout ce que le verbe abolissait, la caste, la force et la guerre... exclusion et domination, diviser pour régner! Il n'a retenu de l'Évangile que les exceptions et les contradictions, tous les restes du paganisme, la foi forcée, le *compelle intrare*, et de la république romaine que le *non possumus*, l'orgueil payen, confirmant comme à plaisir tout le mal et contredisant tout le bien des deux. A contre-sens comme à contre-lettre, il a dit résolument: "Mon royaume est de ce monde. Frères, il y

aura un maître parmi vous! Je suis le seigneur des sei-
gneurs. Haïssez-vous les uns les autres! Remettez la
lumière sous le boisseau et l'épée hors du fourreau! Je
suis la nuit et la mort de tout homme venant au
monde! Qui se sert de l'épée, vivra par l'épée. Guerre
aux hommes de bonne volonté." Pour ce Christ de guerre,
Saint Paul a rêvé et mérité d'avoir son temple dans le
brouillard anglais. Dieu n'est pas la Trinité simple, sa-
gesse, esprit, amour. Dieu est la Trinité cube, dernier-mo-
dèle, la Trinité Chassepot, le Verbe à neuf coups. Et cet
exécrable Christ, bénissant d'une main, exterminant de
l'autre, prêchant à la fois régicide et plébicide, poignardant
Henri IV et brûlant Jeanne d'Arc, pour la plus grande gloire
de Dieu qui reconnaîtra les siens, a réalisé Satan. Il a ensan-
glanté l'Orient pour une voyelle, l'Occident pour une particule,
l'Occident et l'Orient pour moins, pour rien, une fausse tombe!
Guerre à mort et partout! D'autant plus mortel qu'il est plus
proche. Il a paralysé pour toujours peut-être l'unité de l'Italie
par une guerre lente, due à son âpre népotisme, renonçant à la
petite famille sous prétexte de la grande, mais en fait ayant
les deux, et partageant toujours le patrimoine de saint
Pierre à ses fils ou ses neveux. Il a retardé l'unité de l'Allemagne par une convulsion de trente ans; Il a fait l'unité du
désert en Espagne par l'exode de trois millions d'hommes
en un siècle! Et sans compter les auto-dafés de Philippe II
aux Pays-Bas, les gibets de Marie-Tudor en Angleterre, les
chiens de chasse humaine dans les Indes; à rester dans
notre France, Il nous a fait plus de douze grandes guerres
civiles pour la religion, depuis les Croisades albigeoises
jusqu'aux Dragonnades des Cévennes. Et entre Dragonnades et Croisades, la Saint-Barthélemy où le Chassepot de
Charles IX a fait merveille aussi, feu perpétuel qui ne s'est
ralenti un moment que par l'apostasie du sceptique Henri IV,
poignardé pour cela, qui ne s'est éteint qu'au bûcher de La-
barre, sous le rire d'un vrai fils de la France, Voltaire damné
pour ça, et que rallume un bandit de la Corse élu pour
ça! Car si les bûchers ne flambent pas encore, la haine qui
les allume brûle toujours pour le salut de l'empire et le malheur du genre humain!

II.

Et dire que ce double pouvoir repose sur un calembourg
et sur un faux. Ne rions pas! c'est diabolique.

Le spirituel repose sur ce divin calembourg, impossible
d'ailleurs autrement qu'en français, et qui n'en est pas
meilleur pour être divin: "Pierre, tu es Pierre, et sur cette
Pierre je bâtirai mon église, contre laquelle l'enfer ne prévaudra pas." Si le Christ eût pensé que cette plaisanterie

coûterait si cher, comme toute mauvaise plaisanterie, il eût été plus sérieux. Or, ce saint Pierre, mort à Rome ou non, un fanatique tourné renégat, — les extrêmes comme toujours, — qui avait déjà du vivant du Christ, et n'étant alors que Sous-Dieu, coupé l'oreille à Malcus, après Christ, commença l'Eglise par un crime exactement pareil à celui de Broadhead à Sheffield. Il tua Ananias, qui n'était pas assez *unioniste*. Hors de l'Eglise pas de salut! Sur cette Pierre sanglante, les successeurs ont continué le même style d'architecture; ils ont bâti à feu et à sang.

Le temporel repose sur un titre qui ne vaut pas mieux, sur un faux! Tout se tient. L'empereur Constantin, supposé qu'il en ait eu le droit, n'a jamais donné Rome au pape Sylvestre pour le prix d'une cure miraculeuse de la gale, pardon! de la lèpre; respect au pape, à l'empereur, et au miracle! Les célèbres Décrétales de ce don prétendu sont apocryphes, sinon comme la gale qui peut être vraie, du moins comme le tombeau de l'apôtre qui n'est pas plus vrai que celui de Dieu. Elles furent forgées contre un autre empereur par le moine Isidore, sur le commandement d'un autre pape. L'Eglise ne commande pas que des vertus! Pieuse fraude qui a valu le temporel au pape, le ciel au saint faussaire et les galères à l'humanité!

En définitive, où donc est le droit de ce double pouvoir dont on a surfait le bien et atténué le mal par une double crainte et un double espoir, d'ici-bas et de là-haut?

Sorti, c'est le mot, des quatre Evangiles et des parties les plus mystiques des deux Testaments, né dans les cryptes de Jérusalem, les didascales d'Alexandrie et les catacombes de Rome, formé dans la dissolution même de l'empire d'Occident, dans le sauve-qui-peut de l'invasion des Barbares, commençant au jardin de la cité Léontine, il hérita de la paternité des Césars sur ce vieux peuple romain que l'empire avait déshabitué de toute liberté comme de toute activité, et qui passa naturellement du *pain* et du *cirque* au *pain* et au *cloître*, du donatif impérial à l'aumône papale. L'empire d'Orient qui avait assez à faire sans s'occuper de l'Occident, abandonna les mendiants de Rome à l'évêque. L'évêque de Rome alors, grâce à l'influence des souvenirs impériaux de la cité payenne et des illusions chrétiennes sur les tombes des saints martyrs Pierre et Paul, centralisa peu à peu la puissance sacerdotale, usurpa le titre de pape ou père, nom commun à tout prêtre, s'arrogea l'investiture des évêques et le couronnement des rois, viola, altéra toutes ses raisons d'être, changea le spirituel en temporel, l'élection en prérogative, la protection en oppression, ne relevant plus, dès Grégoire VII, ni du prince ni du peuple, ni même des prêtres, mais du Sacré-Collége, c'est à dire du saint Esprit seul, séparant ainsi son pouvoir de tout droit humain et conservant de droit divin l'autorité du pape et l'enfance du peuple à perpétuité.

Ce pouvoir est donc une véritable usurpation qu'aucun titre ne peut justifier, qu'aucun temps ne peut prescrire. Sa légitimité n'est pas dans sa divinité, puisqu'il ne fait plus que des miracles de précision. Dans sa paternité? non, car il tue. Dans son antiquité? le grand Lama est plus vieux que lui! Dans ses deux cent millions de fidèles? le Bouddhisme en a plus! Dans son utilité? la meilleure part du monde s'en passe et s'en trouve bien! Dans son unité? encore moins! L'unité, si chère à la France, il ne l'a jamais comprise. Il n'a jamais compris que la fausse unité par la force ou la foi, l'unité sans liberté que l'Allemagne a eu l'honneur de rompre deux fois, par l'épée d'Arminius et la parole de Luther; mais l'unité vraie, l'unité par la science, non, il ne l'a jamais eue, car il a toujours maintenu la division partout, le schisme dans son propre sein, le duel incessant de l'âme et du corps dans l'homme, le monde hors de Dieu, le peuple hors du vote, la femme hors de l'autel, lui refusant même l'âme pour l'affaire du serpent. Car depuis trois cents ans, malgré toutes ses prétentions catholiques, œcuméniques et encycliques, il n'est plus universel, puisqu'il est italien, pas même; romain, pas même; ne représentant dans Rome qu'une caste, pas même encore, une clique de rouges, de chapeaux rouges bien entendu, le sacré collège des cardinaux, des 70 *gonds* qu'il nomme et qui le nomment tour à tour. De sorte que par lui le peuple italien, gouverné de tout le monde au temporel, gouverne tout le monde au spirituel; un miracle d'absurdité!

Enfin, sa légitimité n'est pas dans son indépendance, la grande raison des ânes historiens nationaux ou non. L'indépendance il ne l'a pas eue plus que l'unité, jamais, ni avant ni après le moyen-âge, le bon temps où Grégoire, dormant chez la comtesse Mathilde, fit attendre trois nuits à la porte l'empereur Henri en chemise et la corde au cou; où Pascal souleva Henri V, le fils, contre Henri IV, le père, fesant servir la messe au père détrôné par le fils; où Innocent déclara le roi Jean sans terre; où Adrien mit le pied sur le cou de l'empereur Frédéric et sur le genou de l'empereur Conrad lui servant d'étrier. Cette indépendance il ne peut l'avoir qu'avec le monde... ou le jardin; qu'à la condition d'être le plus fort... ou le plus faible, comme du temps des martyrs, quand Polycarpe bravait Marc-Aurèle. En vérité, il ne peut être indépendant que s'il est consenti, car s'il est imposé il dépend de celui qui l'impose; Il dépend du maître-enfant qui impose le père aux autres, à la condition qu'ils obéissent aux deux. Lui-même il ne peut qu'opposer ses enfants à ses enfants, Francs contre Lombards, Normands contre Allemands, Espagnols contre Français, Français contre Romains, toujours à la merci d'un des trois grands empereurs de la famille, d'Autriche, d'Espagne, de France, Charlemagne, Charles-Quint, ou Napoléon, ses fils aînés ou cadets, majestés très-chrétiennes, très-catholiques ou très-apostoliques, sans cesse en querelle par lui et pour lui, aussi bons frères que bons fils!

S'il doit être indépendant, il ne peut l'être qu'en se délivrant du temporel, cause de ses servitudes et de ses turpitudes. Pape et roi s'excluent! Intervenant comme pape dans le royaume des autres, il fait intervenir les autres comme catholiques dans sa royauté. Pape-roi, antinomie comme homme-Dieu, troisième mystère comme la vierge-mère et la Trinité.

Était-il indépendant, soutenu par Pépin contre Astolphe, défendu par l'aventurier Guiscard contre le légitime Henri? Était-il indépendant, crevant de rage à Agnani, sous les soufflets de Nogaret? pas plus qu'ensuite dans les michottes du gendarme Radet... Était-il indépendant, forcé d'avaler ses propres bulles, papier, cire et sceau, sous la dague de Visconti?... Était-il indépendant, chassé de Rome par la dictature de Crescence ou l'anarchie de Colonna?... Était-il indépendant, assiégé et pris dans Rome par le connétable de Bourbon?... Et pour nous renfermer dans notre propre histoire, était-il indépendant durant plus d'un demi siècle au château d'Avignon? indépendant à l'hôpital de Valence? indépendant dans la prison de Fontainebleau? indépendant hier encore au fort Saint-Ange, dans le tombeau d'un empereur payen? Tombeau pour tombeau! mieux vaudrait pour son indépendance le tombeau de son Dieu! Il ne sera indépendant qu'en relevant spirituel, qu'en revenant à sa source, au tombeau et berceau de son maître, vers cet Orient, en Terre-Sainte, où il est né, où il doit mourir, où il doit rejoindre un autre malade, né dans le même berceau, un frère avec lequel il a guerroyé toute sa vie, avec lequel il doit reposer en paix dans le même tombeau. Les Dieux s'en vont... encore une fois! Laissons-les à eux-mêmes avec le salut viatique. Le pape n'a rien de mieux à faire que de porter le bon Dieu au Grand Turc, l'Évangile donnant l'extrême-onction au Coran auprès de leur mère la Bible, Jésus administrant Mahomet et lui disant sur les restes du Juif Moïse, leur père commun: "Frère, il faut mourir!" S'ils sont dieux ils ressusciteront... sans l'intervention Chassepot! Par malheur, le pape préfère le patrimoine de saint Pierre à la patrie du Christ. Pontifes et Califes, Dieux et Prophètes, personne n'aime le jardin, fut-il celui des Oliviers! personne n'aime la Terre Sainte, ça se conçoit; personne n'aime le tombeau, fut-il celui de Dieu!

Il faudra pourtant bien, bon gré, malgré, les enterrer un jour, question de salubrité. Comment faire? Comment en finir?

Quand l'Italie qui a produit le vampire veut s'en absoudre en l'étouffant, c'est la France qui le garde! Après 1815 c'était l'Autriche; depuis 48 c'est la France! C'est le peuple de la Révolution qui crie au peuple de l'Église, non plus: Liberté, Égalité, Fraternité, mais la papauté ou la mort!

Et Garibaldi est vaincu pour la seconde fois!...

Mais quelle est la leçon de cette seconde défaite? Oui, la leçon pour la troisième et dernière et prochaine occasion? la leçon? Il y en a plus d'une, au moins deux; l'une pour le vainqueur, l'autre pour le vaincu.

Pour le vaincu d'abord c'est cette vieille vérité proverbiale, qu'on ne peut servir deux maîtres à la fois... surtout deux maîtres contraires. Révolution et réaction.

Le grand volontaire a fait pour la seconde fois la triste expérience qu'on ne peut être à la fois citoyen et sujet, qu'il devait choisir entre peuple et roi, qu'il n'y avait pas de milieu, république à Florence ou papauté à Rome. Les faits prouvent encore une fois que les tyrannies sont solidaires comme les libertés; que toutes couronnes sont filles de la tiare et défendent leur mère; et que pour délivrer l'Italie du pape il fallait d'abord la délivrer du roi! Quand le grand révolutionnaire Danton sauva la France de l'ennemi, il commença par la sauver du roi. Louis XVI fut mis au Temple, la précaution de Septembre fut prise, la levée en masse décrétée, la patrie déclarée en danger, le roi perdu et la patrie sauvée!

Victor Emmanuel est le Louis XVI de l'Italie; Pie IX le Louis XVI de Rome... ni meilleurs, ni pires. Coupables de trahison comme le roi de France... trahison du pays, appel à l'étranger. Il n'y avait donc pas à hésiter sur la peine du crime et le salut du peuple, sur le remède souverain. Il n'y avait que ce moyen. Les docteurs de l'autorité divine ou humaine nous enseignent toujours la nécessité et l'efficacité de la peine capitale en matière politique, et les papes et rois pratiquent souvent la théorie contre leurs sujets. La papesse-reine vient encore de prouver à la Pologne anglaise qu'elle ne serait pas l'indigne femme du pape-roi, et que les femelles du genre ne valent pas mieux que les mâles. Soit. Prenons-les tous au mot, mâles ou femelles, constitutionnels ou absolus, protestants ou catholiques et différant de Dieu, non de bourreau; suivons leur exemple! Qu'ils n'aient pas le privilège de la grâce efficace et le monopole du salut nécessaire. Papes-rois ou rois-papes, que tous ceux qui agissent en rois soient traités en rois! La vie humaine est sacrée, oui! non la vie royale, qui la désacre! Le peuple est roi aussi, qu'il se serve donc aussi de la suprême raison, du moyen royal, puisqu'il est bon! On n'en finira pas autrement.

Dans cette dynastie divine de papes-rois, commencée comme les autres par le parjure et l'assassinat, mais la plus longue et la plus sombre de toutes, puisqu'elle ne compte guère que des vieillards et plusieurs à règnes d'un mois, toutefois avec certains mineurs saints-pères de 18 ans, dans cette kyrielle dont pas 20 sur 254 n'ont tenu leur siège en paix, et qui n'est rentrée d'Avignon à Rome que sur l'ordre de Sainte-Catherine. Il y a eu des papes interdits, suspendus, supprimés, assassinés, et beaucoup, et les uns par les autres, comme Benoît V par Boniface VII.

Il y en a eu autant de révoqués, même comme hérétiques, par les Conciles; et trois à la fois, Benoît XV, Grégoire XI et Alexandre V. Trois vice-dieux pour un dieu, le dieu de la trinité, c'est vrai, trois portiers pour une porte, et si petite, celle du ciel! nous dirions que c'est trop, que pape, anti-pape et sous-pape, si nous pouvions plaisanter comme Dieu, tous trois destitués par le concile de Pise, se proclamant au-dessus même de trois papes en matière de loi comme de foi.

Il y en a eu d'abdiqués, peu, Pierre de Morone, par exemple; un pauvre ermite qui, après un long interrègne causé par la peste, fille de l'église comme la lèpre, nul cardinal n'osant alors régner à Rome, fut élu pape malgré lui! Ce pape Sganarelle, la peste passée, jeta vite les trois couronnes aux orties pour reprendre son capuchon. Ce bon pape, ce pape original fut assez saint, son successeur dit assez fou, pour abdiquer... et le fit enfermer pour ça.

Il y en a eu d'exilés par le consul Rienzi, d'arrêtés par les empereurs qu'ils avaient sacrés, comme Pie VII, d'assommés par le peuple comme Lucien II, d'empoisonnés comme Clément XIV par les Jésuites. Il y en a même eu d'étranglés comme des Turcs, et par le saint Esprit lui-même, descendu cette fois sous la forme non pas précisément d'une colombe, mais d'une prostituée, la courtisane Marozzia, qui nomma l'enfant, son propre fils, pour remplacer le père sur le saint siège et dans son lit, gouvernant l'église en papesse Jeanne, avec une autre vierge folle, sa sœur Théodora. L'église est une famille, non la sainte famille!

Mais, en somme, il n'y en a pas eu d'exécuté? Si, un seul et voici comme: le cas mérite attention.

Il y avait une fois un pape nommé... comment le dire sans blasphème? Les papes ont le droit et l'usage de changer de nom; celui-là avait lieu d'exercer ce droit. Il s'appelait Tête-de-l'ore... Il se nomma Formose, c'est à dire le Beau! les papes peuvent tout. Il gouverna pourtant Rome dans l'esprit de son premier nom. On ne sait s'il appela comme Pie IX l'étranger au secours de ses vertus et de ses tendresses pour l'église, toujours est-il que son successeur Célestin,

—Tous les papes sont beaux, au moins de nom—le fit déterrer, habiller en laïque, lui fit couper la tête et les trois doigts de la main qui avaient béni le peuple, et le fit jeter ensuite dans le Tibre comme bigame. Il avait épousé... deux églises!

Cependant le beau pape, si bien exécuté tête et mains, revint tout entier et plus beau que jamais, et la sainte vierge se dérangea de sa chapelle pour le baiser!

Voilà ce que c'est que d'exécuter un mort! peine perdue! S'il eût été exécuté vivant, il ne serait pas revenu! Louis XVI n'est pas revenu; Charles Ier n'est pas revenu; Maximilien ne reviendra pas. Le sang d'un roi versé par la justice du peuple sèche tout l'arbre, racines et branches. Les Stuarts n'ont jamais pu reprendre en Angleterre; les Bourbons ne repousseront pas en France; les Hapsbourg au Mexique! Il n'y a que les vrais morts qui ne reviennent pas; Cromwell a raison contre Fairfax, Robespierre contre La Fayette, Juarez contre Garibaldi. Garibaldi pouvait faire plus que Juarez, Robespierre et Cromwell ensemble, rare occasion! Il pouvait faire coup double, écraser l'*infâme*, le double monstre de l'apocalypse, réaliser le mot de Diderot! avec le boyau du dernier roi, etc.; bref, exécuter à la fois pape et roi comme deux *Fénians!* Il a manqué les deux, faute, non de courage, mais de logique. Il a tout fait pour l'honneur, rien pour le succès; et quelque injuste qu'il soit de tirer à un grand homme qu'il pouvait être plus grand, il faut reconnaître que s'il avait eu autant de tête que de cœur, comme dit le premier Bonaparte, la *prêtraille* serait en terre sainte et le héros au Capitole!

Terminons par la leçon du vainqueur, la même au fond. Somme toute, le saint homme pouvait être aussi plus saint, et c'est aussi par la logique qu'il a péché.

Les vertus se neutralisent comme les poisons. Vainqueur modeste autant que valeureux, pourquoi cette humilité d'abord, pourquoi d'abord cacher sa victoire? Vainqueur de Mentana, il y avait bien de quoi s'enorgueillir, sonner fanfares et cloches! trois contre un! trois rois contre un homme, trois rois sans compter Dieu, toujours du côté des gros bataillons et des miracles à aiguille! c'était là une belle feuille de laurier à joindre au rameau du Luxembourg et de Puebla! Et maintenant, pourquoi partager sa gloire même avec des chouans, des blancs pontificaux qui crient vive le pape-roi en attendant de crier vive le pape! et vive le roi! Vainqueur de Garibaldi, pourquoi faire monter le roi de Prusse et le czar dans son char de triomphe? Pourquoi ce congrès européen? L'Europe c'est lui, et c'est assez!

Quoi, ne suffit pas d'avoir renvoyé l'ogre dans son île, déchouté les brigands du Tibre, revaincu l'hydre et resauvé l'agneau, d'avoir payé cette gloire de deux millions par se maine et de deux mille morts en un jour; d'avoir fait des soldats de la France des soldats du pape, des suisses, non, des Français d'église; d'avoir fait Tartufe zouave et Pilate Macabée? Quoi, ça ne suffit pas d'avoir la bénédiction du pape, l'encens de Dupanloup, les bouquets de Veuillot, de Guizot, l'estime de tous les bons apôtres du trône et de l'autel, de la triple réaction papale, royale et impériale, de toutes les dévotes des deux sexes et des deux chambres qui ont voté les deux guerres; de tous les fidèles trépassés de l'ancien et du nouveau régime, des vieux justes comme Thiers et des novices comme Rouher, du spirituel Favre comme du temporel Berryer; d'avoir enfin l'adhésion de l'Espagne, touchante surtout de l'Espagne qui a produit Escobar, Dominique, Loyola, Borgia, et Eugénie! Ça ne suffit pas d'avoir comme Formose le baiser d'une sainte, l'espoir de la résurrection, la paix de sa conscience, l'amour de Dieu et le fusil-Chassepot.

Que faut-il donc de plus? Il faut encore le Congrès! Il faut appeler toute l'Europe au secours de l'empire contre Garibaldi; il faut convoquer tout le monde au secours du plus fort; il faut assembler tous les alliés possibles et impossibles au secours du vainqueur, protestants, moscovites, anglicans, grecs, russes, juifs et Turcs, tous les hérétiques au secours du saint siège et de son fils aîné victorieux! L'étranger dans la famille! l'ennemi au foyer! l'hérésie garantissant l'orthodoxie...... et l'indépendance! Quelle victoire! quelle logique! quelle merveille! Le congrès de Vienne! Un Waterloo!

Et que répondrait le vainqueur si dans cette conférence mort-née, la vaincue, l'Italie présente et protestant comme nous, disait à l'empereur très-chrétien: " Vous avez raison! Après tout le pouvoir spirituel ne peut être indépendant qu'avec le pouvoir temporel; soit! mais alors avec un pouvoir temporel suffisant. Or Rome n'est pas suffisante, l'Italie non plus, sans la Savoie surtout. L'Italie n'est pas la plus forte des nations catholiques, c'est la France. Et puisque la France est la plus catholique des nations fortes, et la plus forte des nations catholiques, puisqu'elle aime tant le pape, qu'elle le prenne! je le lui cède volontiers! je l'ai eu assez longtemps à ma charge! À votre tour! Il est votre père comme le nôtre. Et pour le voir de plus près, vous ne l'en aimerez pas moins. Vous l'avez dit vous-même: Il faut que le pape règne, mais il n'est pas juste que Rome seule le supporte toujours et soit sacrifiée au salut du jeune Mortara." Vous êtes le fils aîné et le plus fort. Aînesse et force obligent. Donc prenez et gardez notre Saint-Père. Vous le défendrez mieux que moi envers et contre tous! Le pape en France ne craindra plus personne, ni révolution ni invasion. Le pape

À Paris dominera tout le monde. Il sera vraiment indépendant, universel, aussi invincible du glaive temporel
que du spirituel, l'arbitre de l'Europe et de l'Amérique!
Il délivrera Pologne, Irlande et Crète. Il convertira Juarez,
Bismark et Seward. Il achèvera Garibaldi! Allez, soyez
conséquent! On ne peut avoir deux mères à la fois, être fils
de l'église et de l'urne, choisissez entre Dieu et le peuple!
et puisque le vote n'est pas du royaume du ciel et que la vie
future prime tout, rendez à Dieu tout ce qui est à César;
faites brûler par votre peuple tout ce qu'il a adoré, droits,
lois, codes, et surtout la lettre à Ney; faites-lui adorer tout
ce qu'il a brûlé, crosses, croix, mitres, bibles, bulles et papales.
Et par un bon décret daté de Fontainebleau abdiquez en
faveur du pape; couronnez l'édifice au nom du père, du
fils, et du saint-esprit; nommez des cardinaux ministres,
des évêques préfets, des curés maires! abolissez Code Civil,
mariage civil, état civil, tout ce qu'il y a de civil, toute la
France en uniforme, froc ou frac, en un mot, le pape empereur des Français!

Vous aurez assuré ainsi l'indépendance du saint siège ici-
bas et gagné pour vous et les vôtres un trône éternel là-haut,
dans le séjour des anges, dans le séjour des gloires, des joies
et des vertus infinies, aux pieds de Dieu, à côté de saint
Louis, saint Dagobert et autres saints de Jumièges, au milieu de votre bienheureuse famille, où peut-on être mieux?
entre sainte Hortense et saint Morny! Autrement, croyez-
moi, changez de manifeste, changez vite votre ultimatum
tel comme au Mexique et en Prusse. Empereur ou duc,
Bonaparte ou Brunswick, choses variables, ne doivent plus
dire "Jamais" à la Révolution. Changez votre dernier mot,
sinon, voici le mien: Vainqueur de Montana, craignez tout
des vaincus! Tremblez dans votre victoire! Vous avez beau
être aigle à Rome et lièvre au Rhin, appeler à vous les forts
contre les faibles, violer ou tourner toute loi, vous n'avez
pas fini avec la liberté. L'enfer prévaudra. Ne vous fiez
pas plus aux traités qu'aux croisades, aux congrès qu'aux
succès. L'encre ne lave pas le sang. Diplomates ou armu-
riers, toutes vos merveilles ne pourront rien contre le droit!
Et j'ai droit! Et pour l'honneur de la nature humaine,
j'ai plus d'un champion à mon service! Oui, j'ai, comme
Guillaume Tell, plus d'une flèche à mon arc! Tremblez!
Ce n'est pas la première fois que vous avez désarmé le plus
grand de mes bras. [illegible]? Qu'est-il advenu? Vous le
savez! après le [illegible], l'autre [illegible] Hotel. Après Garibaldi,
Orsini!

Vive la république démocratique et sociale universelle!

FELIX PYAT.